Impressum
Verlag: BABADADA GmbH, Nedderfeld 112 , 22529 Hamburg
Geschäftsführer / Verlagsleitung: Harald Hof
Druck: Books on Demand GmbH, In de Tarpen 42, 22848 Norderstedt

Imprint
Publisher: BABADADA GmbH, Nedderfeld 112 , 22529 Hamburg, Germany
Managing Director / Publishing direction: Harald Hof
Print: Books on Demand GmbH, In de Tarpen 42, 22848 Norderstedt

სკოლა
school

საკლასო ოთახი
classroom

გაყოფა
divide

186/2

დაფა
board

სკოლის ეზო
school yard

მასწავლებელი
teacher

ქაღალდი
paper

წერა
write

კალამი
pen

მაგიდა
desk

სახაზავი
ruler

წიგნი
book

მოსწავლე
pupil

ზურგჩანთა

satchel

პენალი

pencil case

ფანქარი

pencil

ფანქრების სათლელი

pencil sharpener

საშლელი

rubber

ნახატების ალბომი

drawing pad

ნახატი

drawing

ფუნჯი

paintbrush

საღებავის ყუთი

paint box

მაკრატელი

scissors

წებო

glue

სავარჯიშო რვეული

exercise book

საშინაო დავალება

homework

ნომერი

number

დამატება

add

გამოკლება

subtract

გამრავლება

multiply

გამოთვლა

calculate

წერილი

letter

ანბანი

alphabet

სიტყვა

word

ტექსტი

text

წაკითხვა

read

ცარცი

chalk

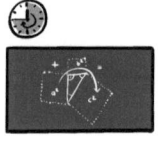

გაკვეთილი

lesson

რეგისტრაცია

register

გამოცდა

examination

სერტიფიკატი

certificate

სკოლის ფორმა

school uniform

განათლება

education

ენციკლოპედია

encyclopedia

უნივერსიტეტი

university

მიკროსკოპი

microscope

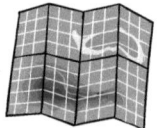

რუქა

map

კალათა ნარჩენი
ქაღალდებისათვის

waste-paper basket

სასტუმრო
hotel
Grand
ჰოსტელი
hostel
ROOMS
EXCHANGE
ვალუტის გადაცვლის პუნქტი
currency exchange office
ჩემოდანი
suitcase
მანქანა
car

ენა

language

კი / არა

yes / no

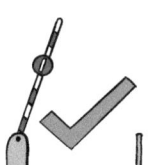

კარგი

Okay

გამარჯობა

hello

მთარგმნელი

translator

გმადლობთ

Thank you

რა ღირს… ?

how much is…?

ვერ გავიგე

I don´t get it

პრობლემა

problem

აღამო მშვიდობისა!

Good evening!

დილა მშვიდობისა!

Good morning!

ღამე მშვიდობისა!

Good night!

ნახვამდის

goodbye

მიმართულება

direction

ბარგი

luggage

ჩანთა

bag

ზურგჩანთა

backpack

სტუმარი

guest

ოთახი

room

საძილე ტომარა

sleeping bag

კარავი

tent

ურისტული ინფორმაცია

tourist information

სანაპირო

beach

საკრედიტო ბარათი

credit card

საუზმე

breakfast

ლანჩი

lunch

ვახშამი

dinner

ბილეთი

Ticket

ლიფტი

elevator

საფოსტო მარკა

stamp

საზღვარი

border

საბაჟო

customs

საელჩო

embassy

ვიზა

visa

პასპორტი

passport

ტრანსპორტი
transport

თვითმფრინავი
airplane
გემი
ship
სახანძრო მანქანა
fire truck
ავტობუსი
bus
სატვირთო მანქანა
truck
მოტორიზებული ნავი
motorboat
ველოსიპედი
bike
მანქანა
car

ბორანი

ferry

ნავი

boat

მოტოციკლი

motorbike

პოლიციის მანქანა

police car

სარბოლო მანქანა

racing car

დაქირავებული მანქანა

rental car

მანქანის ერთობლივი
მოხმარება

car sharing

საბუქსირე მანქანა

tow truck

ნაგვის მანქანა

garbage truck

ძრავა

engine

საწვავი

fuel

ბენზინგასამართი სადგური

fuel station

საგზაო ნიშანი

traffic sign

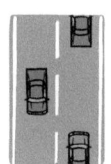

მოძრაობა

traffic

საცობი

traffic jam

მანქანის სადგომი

parking lot

მატარებლის სადგური

train station

ლიანდაგები

tracks

მატარებელი

train

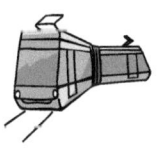

ტრამვაი

tram

ვაგონი

wagon

ვერტმფრენი

helicopter

აეროპორტი

airport

კოშკი

tower

მგზავრი

passenger

კონტეინერი

container

მუყაოს ყუთი

carton

ურიკა

cart

კალათა

basket

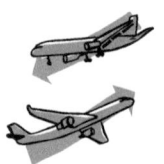

აფრენა / დაშვება

take off / land

ქალაქი
city

სოფელი

village

ქალაქის ცენტრი

city center

სახლი

house

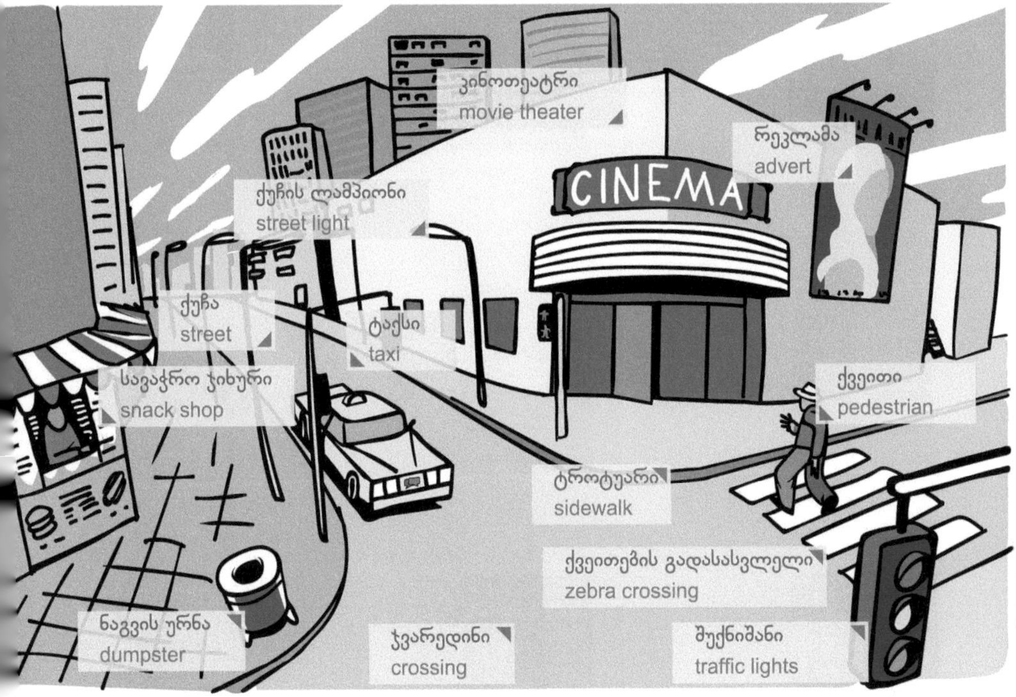

კინოთეატრი
movie theater
რეკლამა
advert
CINEMA
ქუჩის ლამპიონი
street light
ქუჩა
street
ტაქსი
taxi
სავაჭრო ჯიხური
snack shop
ქვეითი
pedestrian
ტროტუარი
sidewalk
ქვეითების გადასასვლელი
zebra crossing
ნაგვის ურნა
dumpster
ჯვარედინი
crossing
შუქნიშანი
traffic lights

ქოხი

hut

ბინა

apartment

მატარებლის სადგური

train station

მუნიციპალიტეტი

city hall

მუზეუმი

museum

სკოლა

school

უნივერსიტეტი

university

ბანკი

bank

საავადმყოფო

hospital

სასტუმრო

hotel

აფთიაქი

pharmacy

ოფისი

office

წიგნების მაღაზია

book shop

მაღაზია

shop

ფლორისტი

flower shop

სუპერმარკეტი

supermarket

ბაზარი

market

მაღაზიის განყოფილება

department store

თევზის გამყიდველი

fishmonger's shop

სავაჭრო ცენტრი

mall

ნავსადგომი

harbor

პარკი
park

გრძელი სკამი
bench

ხიდი
bridge

კიბეები
stairs

მიწისქვეშა გადასასვლელი
subway

გვირაბი
tunnel

ავტობუსის გაჩერება
bus stop

ბარი
bar

რესტორანი
restaurant

საფოსტო ყუთი
postbox

ქუჩის ნიშანი
street sign

პარკინგის საზომი
parking meter

ზოოპარკი
zoo

საცურაო აუზი
swimming pool

მეჩეთი
mosque

ფერმა

farm

გარემოს დაბინძურება

pollution

სასაფლაო

cemetery

ეკლესია

church

საბავშვო მოედანი

playground

ტაძარი

temple

ლანდშაფტი

landscape

ფოთოლ
ი
leaf
გზის მანიშნებელი ნიშანი
signpost
გზა
path
მდელო
meadow
ქვა
stone
მოგზაური
hiker
ხე
tree
მდინარე
river
ბალახი
grass
ყვავილი
flower

ხეობა
valley

გორაკი
hill

ტბა
lake

ტყე
forest

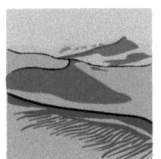

უდაბნო
desert

ვულკანი
volcano

ციხე
castle

ცისარტყელა
rainbow

სოკო
mushroom

პალმა
palm tree

კოღო
mosquito

ბუზი
fly

ჭიანჭველა
ant

ფუტკარი
bee

ობობა
spider

ლანდშაფტი - landscape

ხოჭო

beetle

ბაყაყი

frog

ციყვი

squirrel

ზღარბი

hedgehog

კურდღელი

hare

ბუ

owl

ფრინველი

bird

გედი

swan

ტახი

boar

ირემი

deer

ცხენ-ირემი

moose

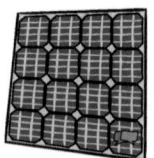

კაშხალი

dam

ქარის ტურბინა

wind turbine

მზის ბატარეა

solar panel

კლიმატი

climate

რესტორანი
restaurant

მიმტანი
waiter
მენიუ
menu
სკამი
chair
სუპი
soup
პიცა
pizza
დანა-ჩანგალი
cutlery
მაგიდაზე გადასაფარებელი
tablecloth

საუზმე
....
starter

მთავარი კერძი
....
main course

დესერტი
....
dessert

დასალევი
....
drinks

საჭმელი
....
food

ბოთლი
....
bottle

სწრაფი კვება

fast food

ქუჩის საჭმელი

street food

ჩაიდანი

teapot

საშაქრე

sugar bowl

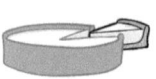

პორცია

portion

ესპრესოს მანქანა

espresso machine

მაღალი სკამი

high chair

ანგარიში

bill

ლანგარი

tray

დანა

knife

ჩანგალი

fork

კოვზი

spoon

ჩაის კოვზი

teaspoon

ხელსახოცი

serviette

ჭიქა

glass

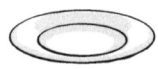

თეფში
....
plate

სუპის თეფში
....
soup plate

ჩაის ლამბაქი
....
saucer

საწებელი
....
sauce

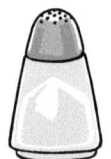

სამარილე
....
salt shaker

წიწაკის საფქვავი
....
pepper mill

ძმარი
....
vinegar

ზეთი
....
oil

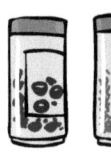

სანელებლები
....
spices

კეტჩუპი
....
ketchup

მდოგვი
....
mustard

მაიონეზი
....
mayonnaise

სუპერმარკეტი
supermarket

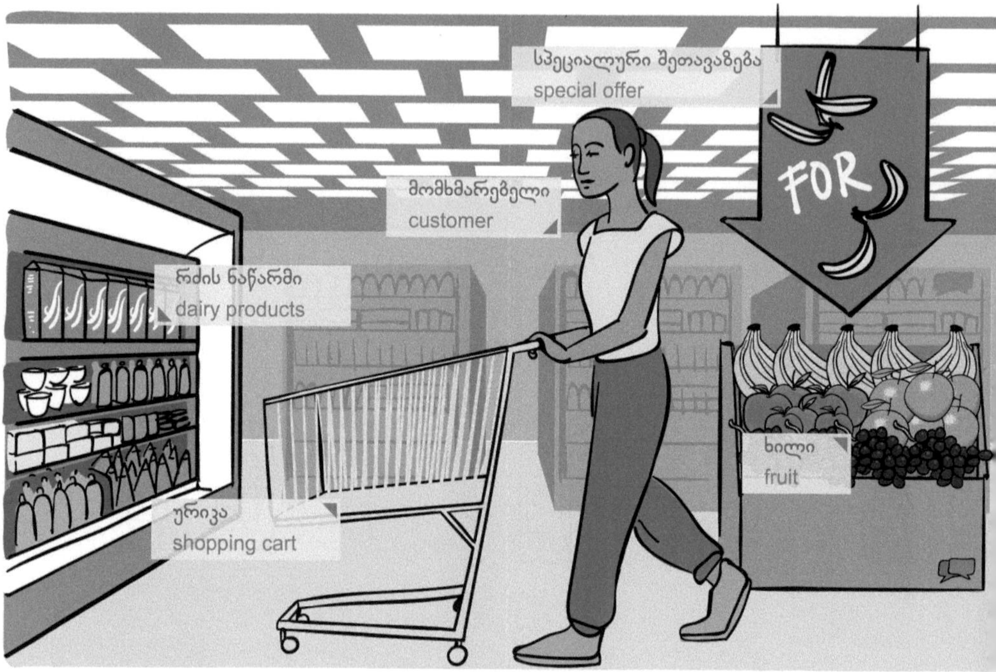

სპეციალური შეთავაზება
special offer
FOR
მომხმარებელი
customer
რძის ნაწარმი
dairy products
ხილი
fruit
ურიკა
shopping cart

BUTCHERS

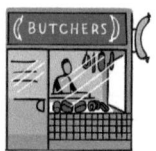

საყასბო
butcher's shop

BAKERY

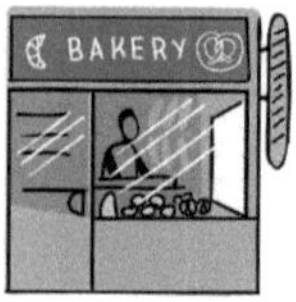

საცხობი
bakery

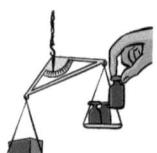

აწონვა
weigh

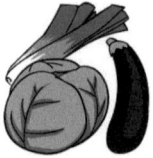

ბოსტნეული
vegetables

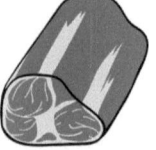

ხორცი
meat

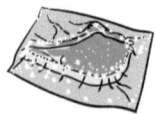

გაყინული საკვები
frozen food

გრილი ხორცი

cold cuts

კონსერვები

canned food

სარეცხი ფხვნილი

detergent

ტკბილეული

candy

საყოფაცხოვრებო პროდუქტები

household products

სარეცხი საშუალებები

cleaning products

გამყიდველი

sales representative

სალარო

cash register

მოლარე

cashier

საყიდლების სია

shopping list

მუშაობის საათები

opening hours

პორტმანი

wallet

საკრედიტო ბარათი

credit card

ჩანთა

bag

პლასტიკური პარკი

plastic bag

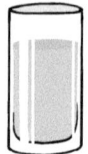

დასალევი

drinks

წყალი

water

წვენი

juice

რძე

milk

კოკა-კოლა

coke

ღვინო

wine

ლუდი

beer

ალკოჰოლი

alcohol

კაკაო

cocoa

ჩაი

tea

ყავა

coffee

ესპრესო

espresso

კაპუჩინო

cappuccino

ბანანი

banana

ვაშლი

apple

ფორთოხალი

orange

საზამთრო

melon

ლიმონი

lemon

სტაფილო

carrot

ნიორი

garlic

ბამბუკი

bamboo

ხახვი

onion

სოკო

mushroom

კაკალი

nuts

ატრია

noodles

სპაგეტი

spaghetti

ბრინჯი

rice

სალათი

salad

ჩიპსები

fries

შემწვარი კარტოფილი

fried potatoes

პიცა

pizza

ჰამბურგერი

hamburger

სენდვიჩი

sandwich

კოტლეტი

escalope

ლორი

ham

სალიამი

salami

ძეხვი

sausage

წიწილა

chicken

შემწვარი ხორცი

roast

თევზი

fish

შვრიის ფაფა

porridge oats

მუსლი

muesli

სიმინდის ფანტელები

cornflakes

ფქვილი

flour

კრუასანი

croissant

ბულკი

bread roll

პური

bread

ტოსტი

toast

ნამცხვრები

cookies

კარაქი

butter

ხაჭო

curd

ტორტი

cake

კვერცხი

egg

ერბო-კვერცხი

fried egg

ყველი

cheese

ნაყინი

ice cream

შაქარი

sugar

თაფლი

honey

ჯემი

jelly

შოკოლადის კრემი

nougat cream

კარი

curry

სოფლის სახლი
farm house

ჩალის შეკვრა
straw bale

თავლა
barn

ყანა
field

ცხენი
horse

მისაბმელი
trailer

კვიცი
foal

ტრაქტორი
tractor

ვირი
donkey

ცხვარი
sheep

ცხვარი
lamb

თხა

goat

ძროხა

cow

ხბო

calf

ღორი

pig

გოჭი

piglet

ხარი

bull

გატი

goose

იხვი

duck

წიწილა

chick

ქათამი

hen

მამალი

cockerel

ვირთხა

rat

კატა

cat

თაგვი

mouse

ხარი

ox

ძაღლი

dog

საძაღლე

dog house

ბაღის შლანგი

garden hose

საბაღე წურწურა

watering can

ცელი

scythe

გუთანი

plow

ნამგალი

sickle

თოხი

hoe

პატივის სახვეტი ჩანგალი

pitchfork

ცული

axe

მაზიდი

pushcart

გობი

trough

რძის ბიდონი

milk can

ტომარა

sack

ღობე

fence

ბოსელი

stable

სათბური

greenhouse

ნიადაგი

soil

თესლი

seed

სასუქი

fertilizer

მოსავლის ამღები კომბაინი

combine harvester

მოსავლის აღება

harvest

მოსავალი

harvest

იამი

yams

ხორბალი

wheat

სოიო

soya

კარტოფილი

potato

სიმინდი

corn

სარეველას თესლი

rapeseed

ხეხილი

fruit tree

მანიოკი

manioc

მარცვლეული

grain

ფერმა - farm

სახლი
house

ბუხარი
chimney
სახურავი
roof
წყალსადინარი მილი
downspout
ფანჯარა
window
ავტოფარეხი
garage
კარის ზარი
doorbell
კარი
door
ნაგვის ყუთი
trash can
საფოსტო ყუთი
mailbox
ბაღი
garden

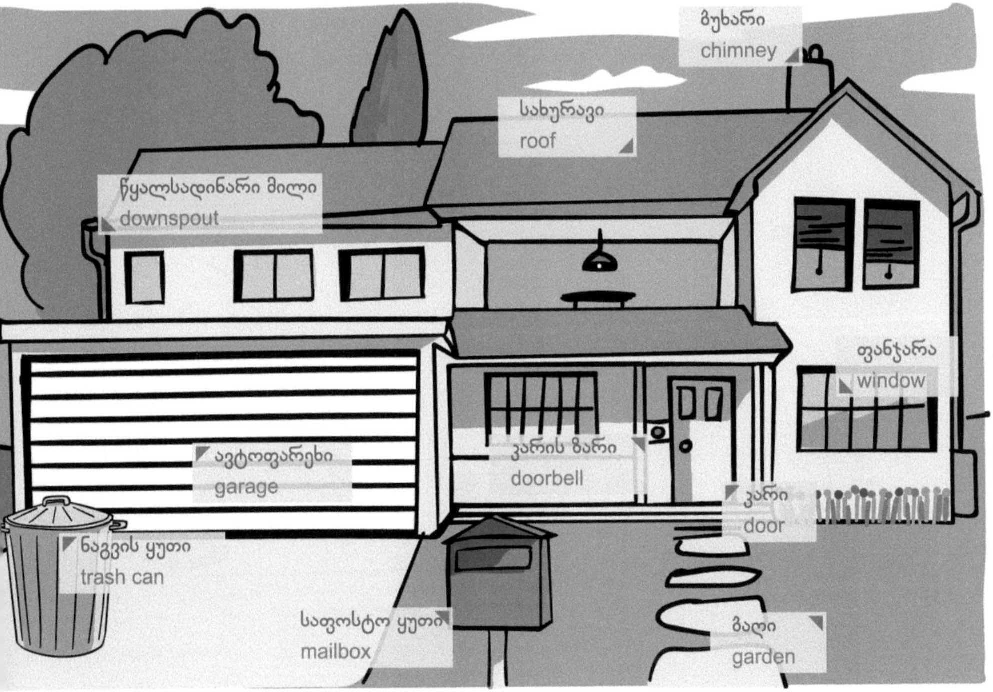

მისაღები ოთახი

living room

აბაზანა

bathroom

სამზარეულო

kitchen

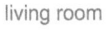

საძინებელი

bedroom

საბავშვო ოთახი

kids room

სასადილო ოთახი

dining room

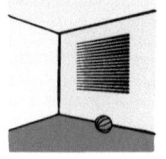

სართული

floor

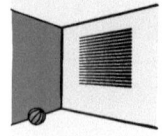

კედელი

wall

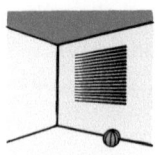

ჭერი

ceiling

სარდაფი

cellar

საუნა

sauna

აივანი

balcony

ტერასა

terrace

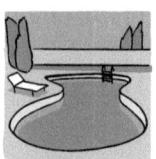

აუზი

pool

გაზონის საკრეჭი

lawn mower

საბნის კონვერტი

sheet

საწოლი

bedspread

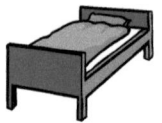

ლოგინი

bed

ცოცხი

broom

სათლი

bucket

გადამრთველი

switch

მისაღები ოთახი

living room

შპალერი
wallpaper
ნახატი
picture
ნათურა
lamp
თარო
shelf
კარადა
cabinet
ტელევიზორი
television
ბუხარი
fireplace
ყვავილი
flower
ბალიში
cushion
დივანი
sofa
ვაზა
vase
დისტანციური მართვა
remote control

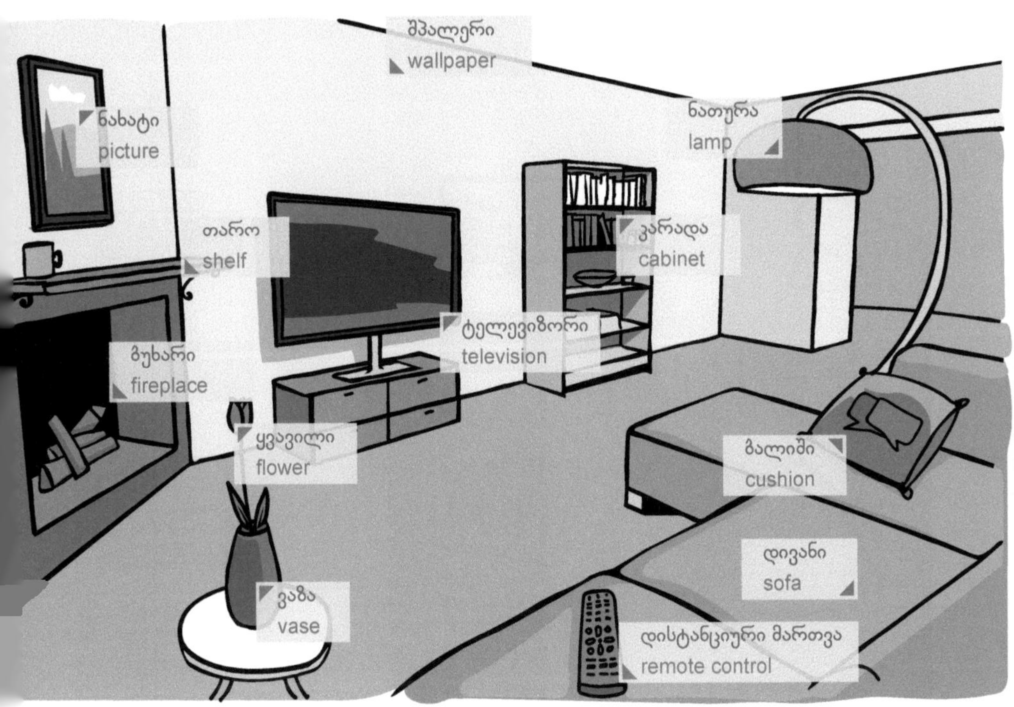

ხალიჩა

carpet

ფარდა

drape

მაგიდა

table

სკამი

chair

სარწეველა სკამი

rocking chair

სავარძელი

armchair

წიგნი
book

საბანი
blanket

დეკორაცია
decoration

შეშა
firewood

ფილმი
film

hi-fi მოწყობილობები
stereo system

გასაღები
key

გაზეთი
newspaper

ფერწერა
painting

პლაკატი
poster

რადიო
radio

ბლოკნოტი
notebook

მტვერსასრუტი
vacuum cleaner

კაქტუსი
cactus

სანთელი
candle

სამზარეულო
kitchen

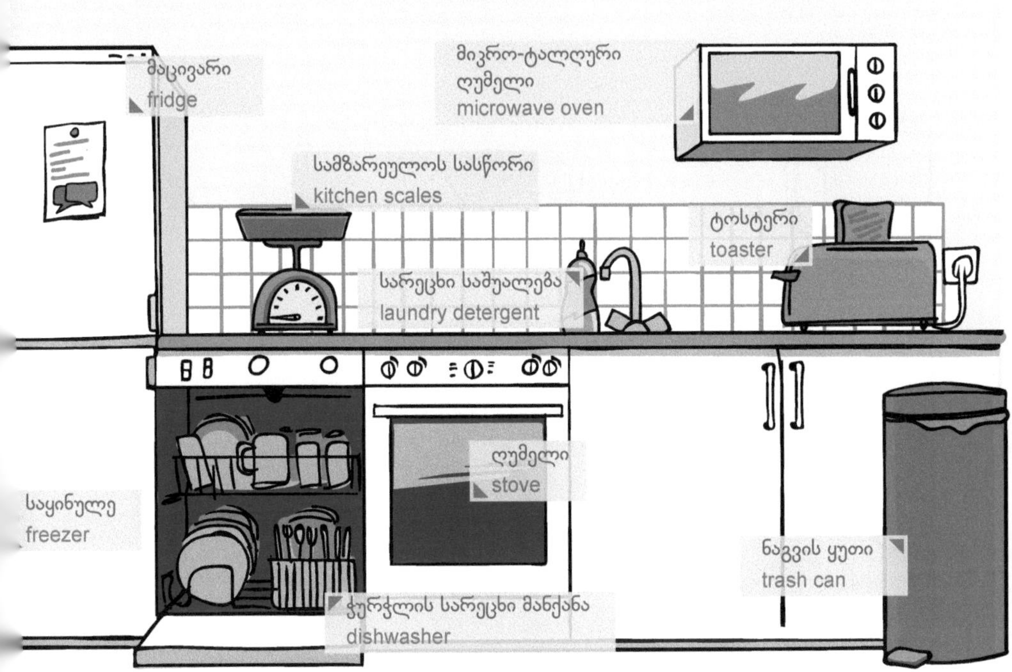
მაცივარი
fridge
მიკრო-ტალღური ღუმელი
microwave oven
სამზარეულოს სასწორი
kitchen scales
ტოსტერი
toaster
სარეცხი საშუალება
laundry detergent
ღუმელი
stove
საყინულე
freezer
ნაგვის ყუთი
trash can
ჭურჭლის სარეცხი მანქანა
dishwasher

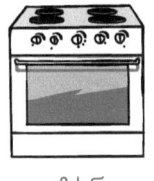

ვაზქურა
....
cooker

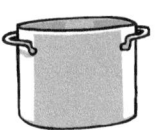

ქოთანი
....
pot

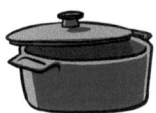

თუჯის ქვაბი
....
cast-iron pot

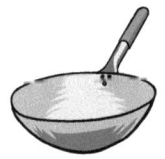

ტაფა ამოზერილი ფსკურით
wok / kadai

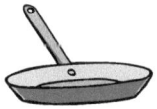

ტაფა
....
pan

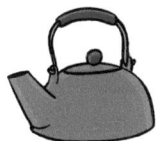

ჩაიდანი
....
kettle

ორთქლსახარში

steamer

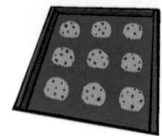

საცხობი ლანგარი

baking tray

ჭურჭელი

crockery

კათხა

mug

თასი

bowl

ჩინური ჩხირები

chopsticks

ჩამჩა

ladle

ფითხი

spatula

სათქვეფელა

whisk

საწური

strainer

საცერი

sieve

სახეხი

grater

სანაყი

mortar

გრილი

barbecue

კოცონი

fireplace

დაფა

chopping board

საგორავი

rolling pin

შურღი

corkscrew

ქილა

can

ქილის გასახსნელი

can opener

ქოთნის დამჭერი

oven cloth

ნიჟარა

sink

ფუნჯი

brush

ღრუბელი

sponge

ბლენდერი

blender

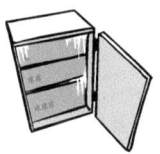

საყინულე კამერა

deep freezer

საბავშვო ბოთლი

baby bottle

ონკანი

tap

აბაზანა

bathroom

შხაპი
shower
გათბობა
heating
პირსახოცი
towel
საშხაპე ფარდა
shower curtain
ღრუბლიანი აბანო
bubble bath
ვანა
bathtub
ჭიქა
glass
სარეცხი მანქანა
washing machine
ონკანი
tap
ფილები
tiles
ღამის ქოთანი
potty
ნიჟარა
sink

ტუალეტი

toilet

იატაკის ტუალეტი

squat toilet

ბიდე

bidet

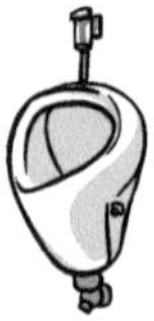

კედლის პისუარი

urinal

ტუალეტის ქაღალდი

toilet paper

ტუალეტის ჯაგრისი

toilet brush

კბილის ჯაგრისი

toothbrush

კბილის პასტა

toothpaste

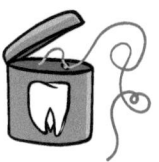

კბილის ძაფი

dental floss

რეცხვა

wash

ხელის შხაპი

hand shower

ინტიმური შხაპი

douche

ტაშტი

basin

ზურგის სახეხი ფუნჯი

back brush

საპონი

soap

შხაპის გელი

shower gel

შამპუნი

shampoo

ნეჭა

flannel

სანიაღვრე

drain

კრემი

creme

დეოდორანტი

deodorant

სარკე

mirror

ხელის სარკე

hand mirror

ბრიტვა

razor

საპარსი ქაფი

shaving foam

საშუალება გაპარსვის შემდეგ

aftershave

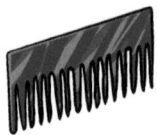

სავარცხელი

comb

ჯაგრისი

brush

თმის საშრობი

hair-dryer

თმის ლაქი

hairspray

კოსმეტიკა

makeup

ტუჩების პომადა

lipstick

ფრჩხილის ლაქი

nail varnish

ბამბა

cotton wool

ფრჩხილის მაკრატელი

nail scissors

სუნამო

perfume

კოსმეტიკის ჩანთა

washbag

ტაბურეტი

stool

სასწორი

weighing scales

სააბაზანო ხალათი

bathrobe

რეზინის ხელთათმანები

rubber gloves

ტამპონი

tampon

ანიტარული პირსახოცი

sanitary towel

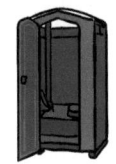

ბიო-ტუალეტი

chemical toilet

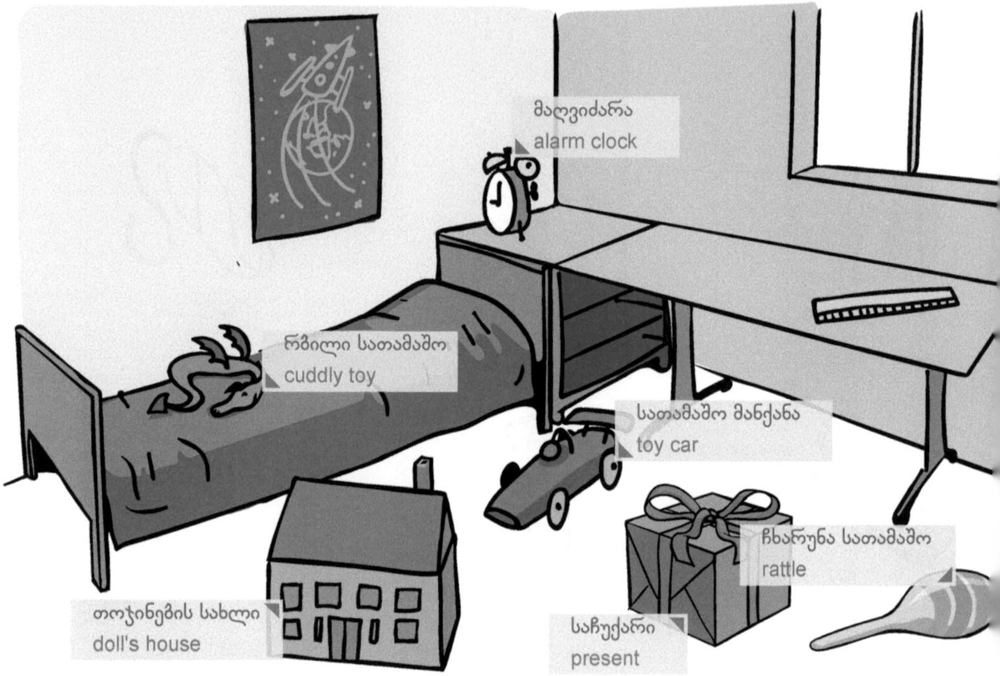

მაღვიძარა
alarm clock
რბილი სათამაშო
cuddly toy
სათამაშო მანქანა
toy car
ჩხარუნა სათამაშო
rattle
თოჯინების სახლი
doll's house
საჩუქარი
present

ბუშტი

balloon

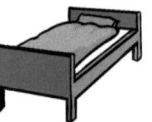

ლოგინი

bed

საბავშვო ეტლი

stroller

კარტის თამაში

deck of cards

პაზლი

jigsaw

კომიკსი

comic

ლეგოს აგურები

lego bricks

ასაშენებელი კუბიკები

toy blocks

სათამაშო ფიგურა

action figure

საცოცავი

romper suit

ფრისბი

frisbee

მობილე

mobile

სამაგიდო თამაში

board game

კამათელი

dice

რკინიგზის მოდელი

model train set

საწოვარა

pacifier

წვეულება

party

წიგნი ნახატებით

picture book

ბურთი

ball

თოჯინა

doll

თამაში

play

საქვიშარი

sandpit

საქანელა

swing

სათამაშოები

toys

ვიდეო თამაშის კონსოლი

video game console

სამთვლიანი ველოსიპედი

tricycle

დათუნია

teddy bear

გარდერობი

wardrobe

ტანსაცმელი
clothing

წინდები

socks

ჩულქები

stockings

კოლგოტები

tights

შარფი
scarf

ქოლგა
umbrella

მკლავებიანი მაისური
t-shirt

ქამარი
belt

ბოტასები
sneakers

ფეხსაცმელი
boots

ჩუსტები
slippers

სანდლები

sandals

ფეხსაცმელი

shoes

რეზინის ჩექმები

rubber boots

ტრუსები

underwear

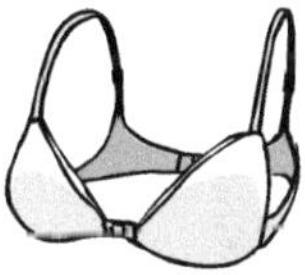

ბიუსჰალტერი

bra

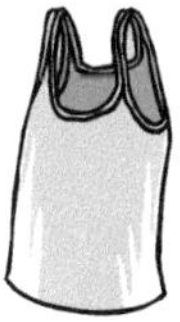

მაისური

undershirt

ტანსაცმელი - clothing 45

სხეული

body

შარვალი

pants

ჯინსი

jeans

ქვედაკაბა

skirt

ბლუზი

blouse

პერანგი

shirt

სვიტრი

pullover

კაპიუშონიანი ჟაკეტი

sweater

სპორტული ქურთუკი

blazer

ჟაკეტი

jacket

პალტო

coat

საწვიმარი

raincoat

კოსტუმი

costume

კაბა

dress

საქორწილო კაბა

wedding dress

კაცის კოსტიუმი
suit

ღამის პერანგი
nightgown

პიჟამოები
pajamas

სარი
sari

თავშალი
headscarf

ტურბანი
turban

ჩადრი
burka

ხიფთანი
kaftan

აბაია
abaya

საცურაო კოსტუმი
swimsuit

ჩემოდნები
trunks

შორტები
shorts

პორტული კოსტიუმი
tracksuit

წინსაფარი
apron

ხელთათმანები
gloves

ტანსაცმელი - clothing

ღილი

button

სათვალეები

glasses

სამაჯური

bracelet

ყელსაბამი

necklace

ბეჭედი

ring

საყურე

earring

კეპი

cap

საკიდი

coat hanger

ქუდი

hat

ჰალსტუხი

tie

ელვა-შესაკრავის შეკვრა

zip

ჩაფხუტი

helmet

აჭიმი

braces

სკოლის ფორმა

school uniform

ფორმა

uniform

ბავშვის წინსაფარი

bib

საწოვარა

pacifier

პამპერსი

diaper

ოფისი

office

სერვერი
server
საკანცელარიო კარადა
filing cabinet
პრინტერი
printer
ქაღალდი
paper
მონიტორი
monitor
თაგვი
mouse
მაგიდა
desk
საქაღალდე
folder
კლავიატურა
keyboard
თა ნარჩენი ქაღალდებისათვის
-paper basket
კომპიუტერი
computer
სკამი
chair

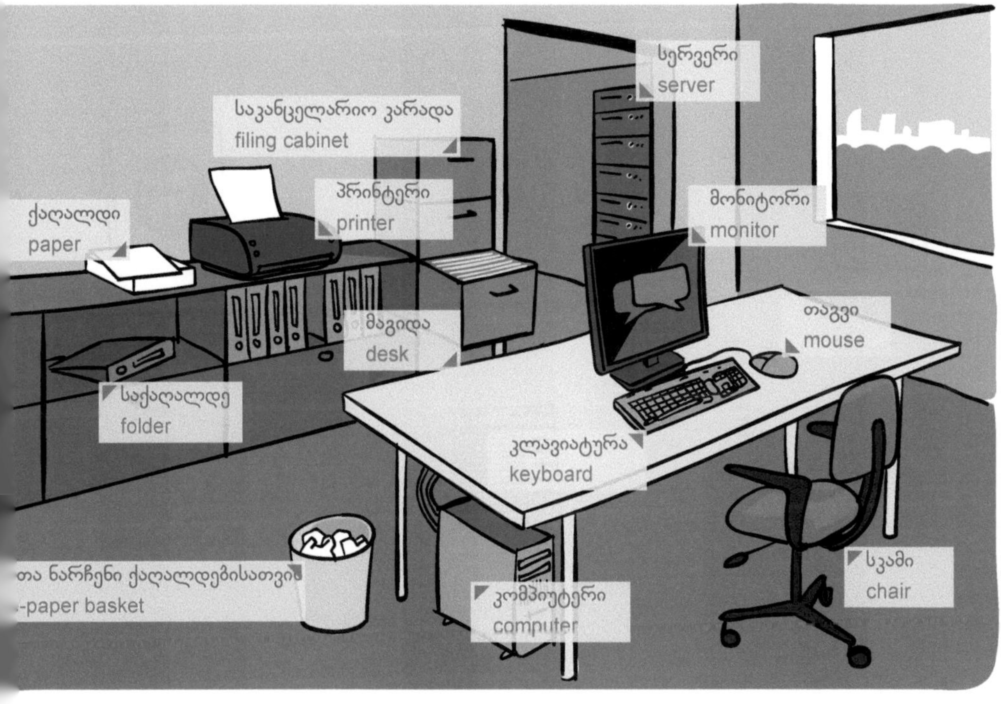

ყავის ფინჯანი

coffee mug

კალკულატორი

calculator

ინტერნეტი

internet

ლეპტოპი

laptop

წერილი

letter

მესიჯი

message

მობილური ტელეფონი

cell phone

ქსელი

network

სკანერი

photocopier

პროგრამული უზრუნველყოფა

software

ტელეფონი

telephone

როზეტი

plug socket

ფაქსის მანქანა

fax machine

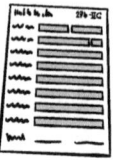

ფორმულარი

form

დოკუმენტი

document

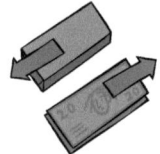

ყიდვა

buy

გადახდა

pay

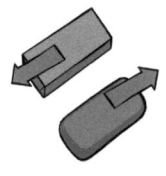

ვაჭრობა

trade

ფული

money

USD

დოლარი

dollar

EUR

ევრო

euro

JPY

იენი

yen

RUB

რუბლი

rouble

CHF

შვეიცარული ფრანკი

Swiss franc

ჟენმინბი იუანი

renminbi yuan

INR

რუპი

rupee

ბანკომატი

cash point

ვალუტის გადაცვლის პუნქტი

currency exchange office

ოქრო

gold

ვერცხლი

silver

ნავთობი

oil

ენერგია

energy

ფასი

price

ხელშეკრულება

contract

გადასახადი

tax

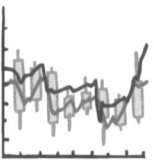

აქცია

stock

მუშაობა

work

თანამშრომელი

employee

დამსაქმებელი

employer

ქარხანა

factory

მაღაზია

shop

პროფესიები

occupations

პოლიციის ოფიცერი
police officer
მეხანძრე
fireman
მზარეული
cook
ექიმი
doctor
მფრინავი
pilot

მებაღე

gardener

დურგალი

carpenter

თეთრეულის მკერავი ქალბატონი

seamstress

მოსამართლე

judge

ქიმიკოსი

chemist

მსახიობი

actor

ავტობუსის მძღოლი

bus driver

ტაქსის მძღოლი

taxi driver

მეთევზე

fisherman

დამლაგებელი ქალბატონი

cleaning lady

სახურავის ოსტატი

roofer

მიმტანი

waiter

მონადირე

hunter

ფერმწერი

painter

მცხობელი

baker

ელექტრიკოსი

electrician

მშენებელი

builder

ინჟინერი

engineer

ყასაბი

butcher

სანტექნიკოსი

plumber

ფოსტალიონი

postman

ჯარისკაცი

soldier

არქიტექტორი

architect

მოლარე

cashier

ფლორისტი

florist

პარიკმახერი

hairdresser

კონდუქტორი

conductor

მექანიკოსი

mechanic

კაპიტანი

captain

სტომატოლოგი

dentist

მეცნიერი

scientist

რაბინი

rabbi

იმამი

imam

ბერი

monk

სასულიერო პირი

pastor

იარაღები

tools

ჩაქუჩი
hammer
ბრტყელტუჩა
pliers
სახრახნისი
screwdriver
ქანჩის გასაღები
wrench
ჯიბის სანათი
torch

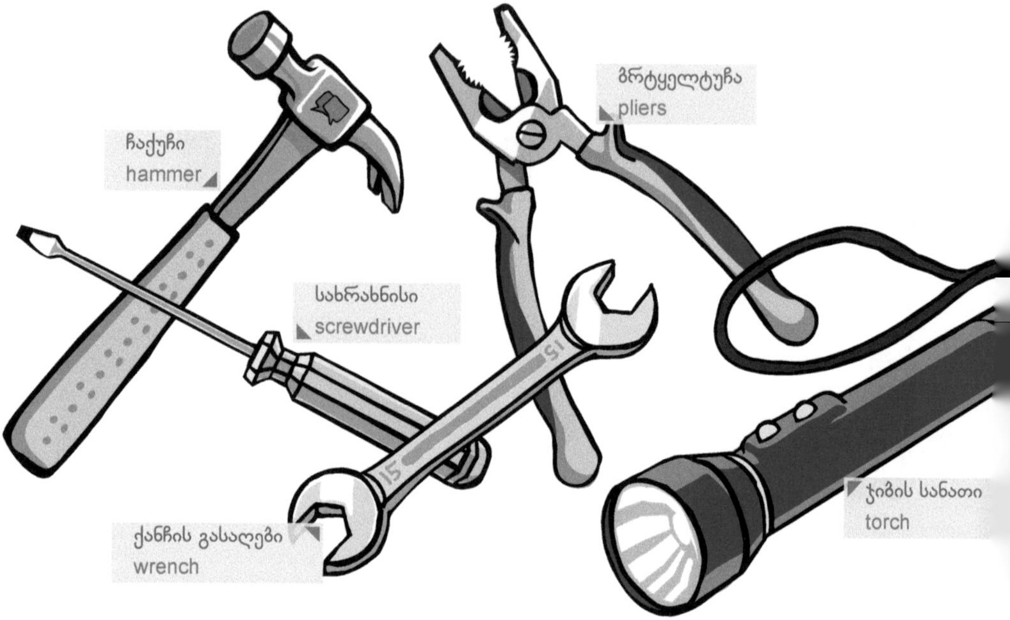

ექსკავატორი

excavator

იარაღების ყუთი

toolbox

კიბე

ladder

ხერხი

saw

ლურსმები

nails

საბურღი

drill

შეკეთება
......
repair

ნიჩაბი
......
shovel

ანდაბა!
......
Damn!

აქანდაზი
......
dustpan

საღებავის ქოთანი
......
paint can

ხრახნები
......
screws

მუსიკალური ინსტრუმენტები
musical instruments

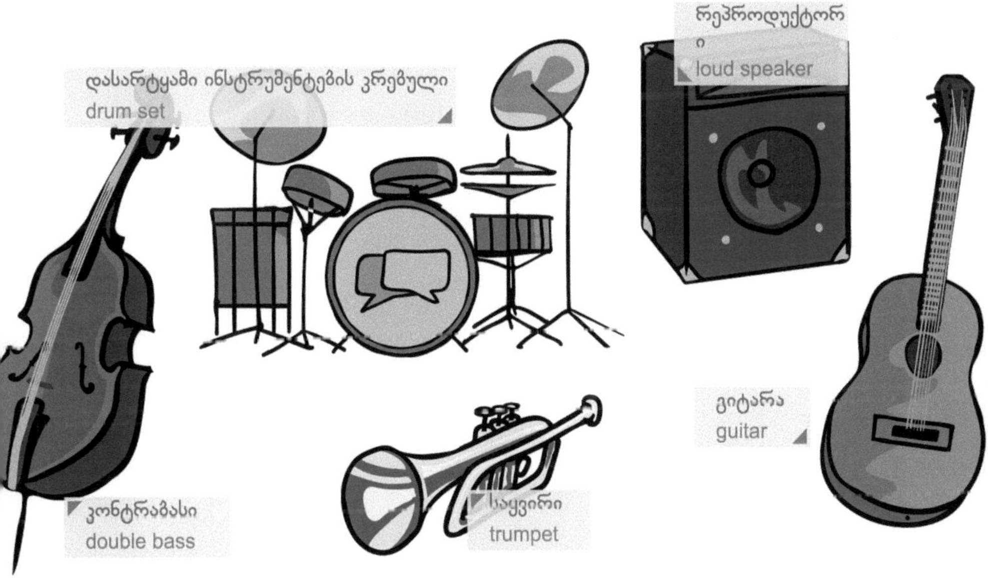

დასარტყამი ინსტრუმენტების კრებული
drum set

რეპროდუქტორი
loud speaker

კონტრაბასი
double bass

საყვირი
trumpet

გიტარა
guitar

ფორტეპიანო

piano

ვიოლინო

violin

ბასი

bass

ტიმპანონი

timpani

დასარტყამები

drums

კლავიშები

keyboard

საქსოფონი

saxophone

ფლეიტა

flute

მიკროფონი

microphone

ვეფხვი
tiger

შესასვლელი
entrance

გალია
cage

ზებრა
zebra

ცხოველთა საკვები
animal feed

პანდა
panda

ცხოველები
animals

სპილო
elephant

კენგურუ
kangaroo

მარტორქა
rhino

გორილა
gorilla

დათვი
bear

აქლემი
camel

სირაქლემა
ostrich

ლომი
lion

მაიმუნი
monkey

ფლამინგო
flamingo

თუთიყუში
parrot

პოლარული დათვი
polar bear

პინგვინი
penguin

ზვიგენი
shark

ფარშევანგი
peacock

გველი
snake

ნიანგი
crocodile

ზოოპარკის მფლობელი
zookeeper

სელაპი
seal

იაგუარი
jaguar

პონი

pony

ლეოპარდი

leopard

ბეჰემოტი

hippo

ჟირაფი

giraffe

არწივი

eagle

ტახი

boar

თევზი

fish

კუ

turtle

მორჟი

walrus

მელა

fox

გაზელი

gazelle

სპორტი

sports

ამერიკული ფეხბურთი
American football
ველოსპორტი
cycling
ჩოგბურთი
tennis
კალათბურთი
basketball
ცურვა
swimming
ყინულის ჰოკეი
ice hockey
კრივი
boxing

ფეხბურთი

soccer

ბადმინტონი

badminton

მძლეოსნობა

athletics

ხელბურთი

handball

სათხილამურო სპორტი

skiing

წყლის პოლო

polo

გადახტომა
jump
ჩახუტება
hug
დაცინვა
laugh
სეირნობა
walk
სიმღერა
sing
ოცნებობა
dream
ლოცვა
pray
კოცნა
kiss

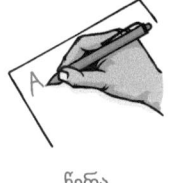

წერა

write

დახატვა

draw

ჩვენება

show

დაჭერა

push

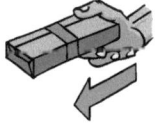

მიცემა

give

აღება

take

ქონა

have

კეთება

do

ყოფნა

be

დგომა

stand

გარბენა

run

მოქაჩვა

pull

გადაყრა

throw

დაცემა

fall

ტყუილის თქმა

lie

მოცდენა

wait

ტარება

carry

ჯდომა

sit

ჩაცმა

get dressed

ძილი

sleep

გაღვიძება

wake up

დათვალიერება

look at

ტირილი

cry

გაუთოება

stroke

დავარცხნა

comb

ლაპარაკი

talk

გაგება

understand

შეკითხვა

ask

მოსმენა

listen

დალევა

drink

ჭამა

eat

დალაგება

tidy up

ყვარება

love

კერძების მზადება

cook

სვლა

drive

ფრენა

fly

აფრის ქვეშ სიარული

sail

გამოთვლა

calculate

წაკითხვა

read

შესწავლა

learn

მუშაობა

work

ქორწინება

marry

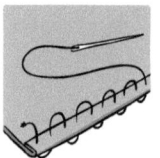

კერვა

sew

კბილების ხეხვა

brush teeth

მოკვლა

kill

მოწევა

smoke

გაგზავნა

send

ოჯახი

family

ბებია
grandmother
ბაბუა
grandfather
მამა
father
დედა
mother
ბავშვი
baby
ქალიშვილი
daughter
ვაჟიშვილი
son

სტუმარი

guest

დეიდა

aunt

ბიძა

uncle

ძმა

brother

და

sister

სხეული

body

შუბლი
forehead
თვალი
eye
მხარი
shoulder
თითი
finger
სახე
face
ნიკაპი
chin
ხელი
hand
ფეხი
leg
მკერდი
breast
მკლავი
arm

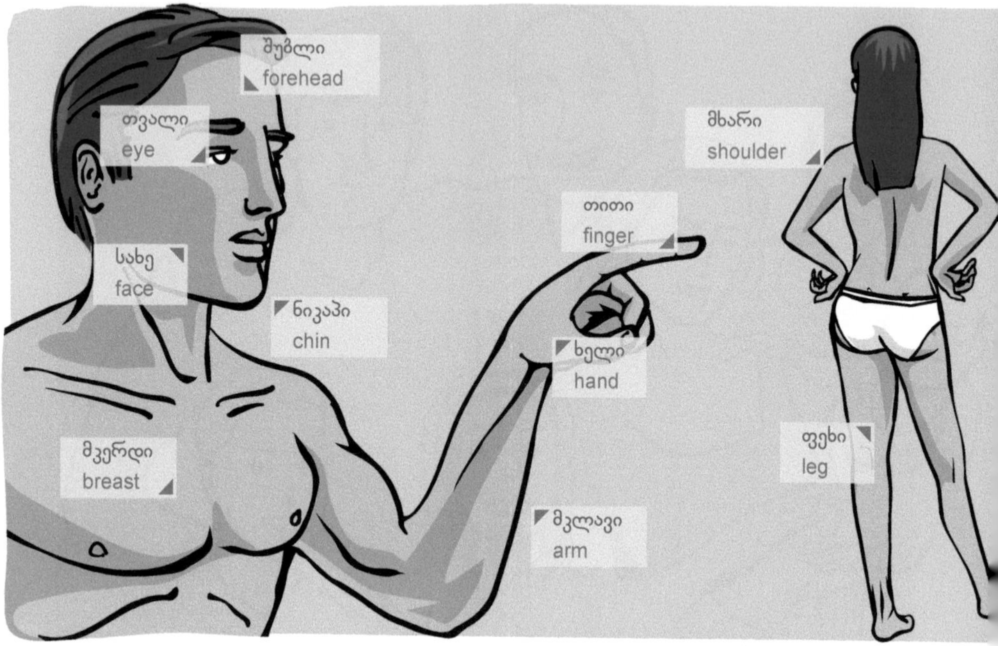

ბავშვი

baby

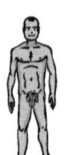

კაცი

man

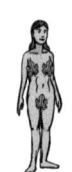

ქალი

woman

გოგო

girl

ბიჭი

boy

თავი

head

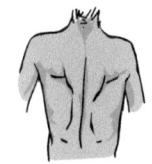

ზურგი

back

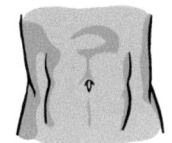

მუცელი

belly

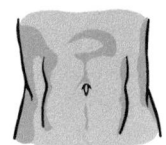

ჭიპი

navel

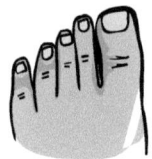

ფეხის თითი

toe

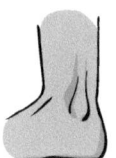

ქუსლი

heel

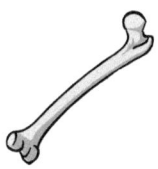

ძვალი

bone

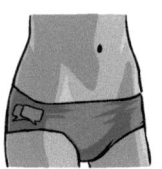

ბარძაყი

hip

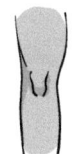

მუხლი

knee

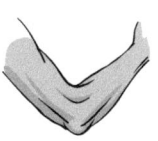

იდაყვი

elbow

ცხვირი

nose

დუნდულა

buttocks

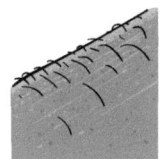

კანი

skin

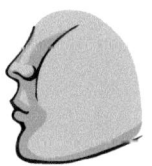

ლოყა

cheek

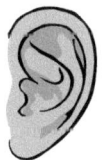

ყური

ear

ტუჩი

lip

პირი

mouth

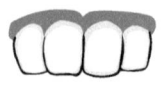

კბილი

tooth

ენა

tongue

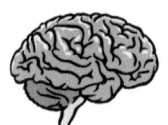

ტვინი

brain

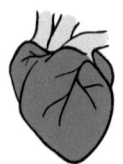

გული

heart

კუნთი

muscle

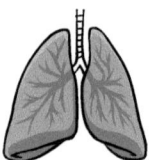

ფილტვი

lung

ღვიძლი

liver

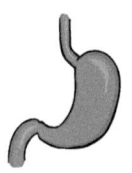

კუჭი

stomach

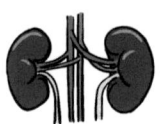

თირკმელები

kidneys

სექსი

sex

პრეზერვატივი

condom

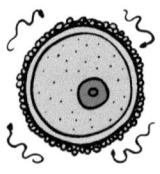

კვერცხუჯრედი

ovum

სპერმა

semen

ორსულობა

pregnancy

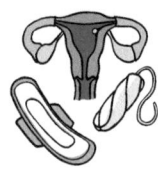

მენსტრუაცია

menstruation

საშო

vagina

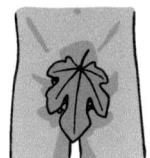

პენისი

penis

წარბი

eyebrow

თმა

hair

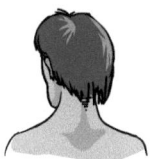

კისერი

neck

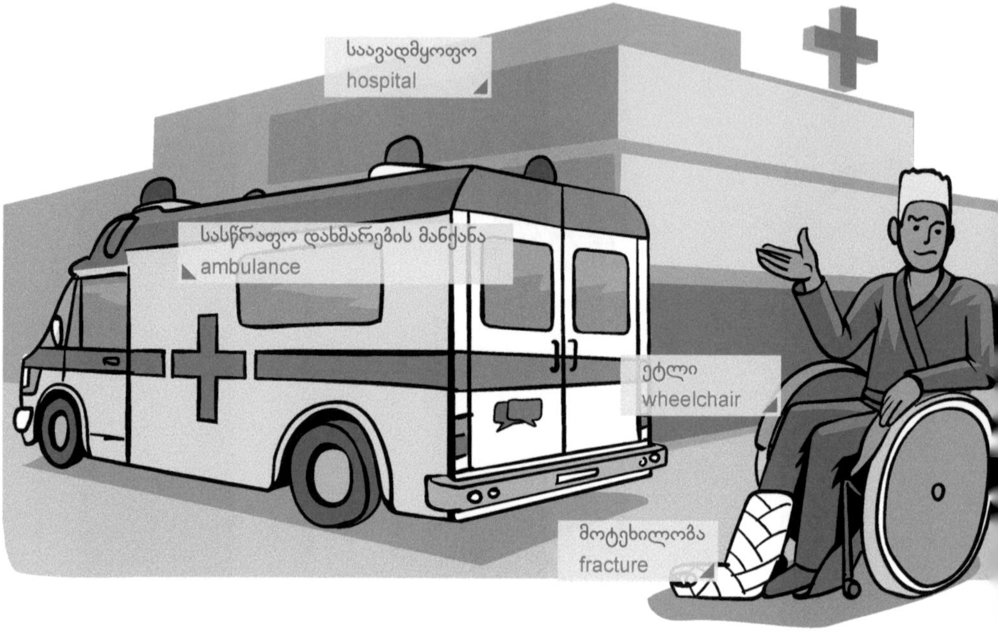

საავადმყოფო
hospital

სასწრაფო დახმარების მანქანა
ambulance

ეტლი
wheelchair

მოტეხილობა
fracture

ექიმი
doctor

პირველი დახმარების ოთახი
emergency room

მედდა
nurse

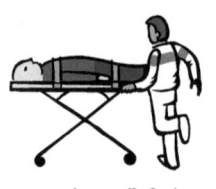

გადაუდებელი შემთხვევა
emergency

უგონოდ მყოფი
unconscious

ტკივილი
pain

დაზიანება

injury

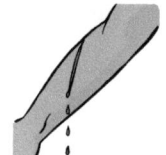

სისხლდენა

bleeding

გულის შეტევა

heart attack

ინსულტი

stroke

ალერგია

allergy

ხველა

cough

ცხელება

fever

გრიპი

flu

დიარეა

diarrhea

თავის ტკივილი

headache

კიბო

cancer

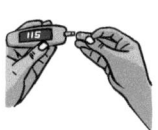

დიაბეტი

diabetes

ქირურგი

surgeon

სკალპელი

scalpel

ოპერაცია

operation

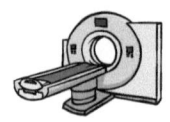

კტ

CT

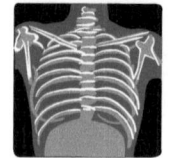

რენტგენი

x-ray

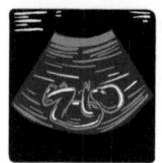

ულტრაბგერა

ultrasound

ნიღაბი

face mask

დაავადება

disease

მოსაცდელი ოთახი

waiting room

ყავარჯენი

crutch

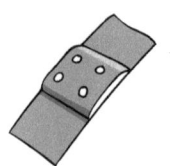

თაბაშირი

plaster

ბინტი

bandage

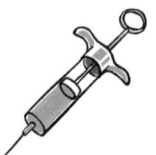

ინექცია

injection

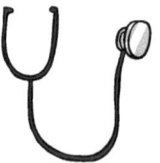

სტეტოსკოპი

stethoscope

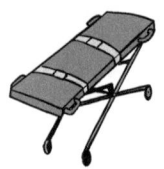

საკაცე

stretcher

თერმომეტრი

clinical thermometer

დაბადება

birth

ჭარბი წონა

overweight

სმენის აპარატი

hearing aid

სადეზინფექციო საშუალება

disinfectant

ინფექცია

infection

ვირუსი

virus

აივ / შიდსი

HIV / AIDS

წამალი

medicine

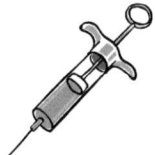

ვაქცინაცია

vaccination

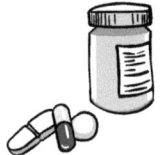

ტაბლეტები

tablets

აბი

pill

დაუდებელი გამოძახება

emergency call

წნევის საზომი აპარატი

blood pressure monitor

ავადმყოფი / ჯანმრთელი

ill / healthy

გადაუდებელი შემთხვევა
emergency

დამეხმარეთ!

Help!

განგაში

alarm

თავდასხმა

assault

შეტევა

attack

საფრთხე

danger

სათადარიგო გასასვლელი

emergency exit

ხანძარი!

Fire!

ცეცხლსაქრობი

fire extinguisher

უბედური შემთხვევა

accident

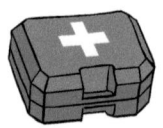

პირველადი დახმარების აფთიაქი

first-aid kit

SOS

SOS

პოლიცია

police

ევროპა

Europe

ჩრდილოეთ ამერიკა

North America

სამხრეთ ამერიკა

South America

აფრიკა

Africa

აზია

Asia

ავსტრალია

Australia

ატლანტიკა

Atlantic

წყნარი ოკეანე

Pacific

ინდოეთის ოკეანე

Indian Ocean

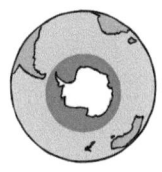

ანტარქტიკის ოკეანე

Antarctic Ocean

ჩრდილოეთის ყინულოვანი ოკეანე

Arctic Ocean

ჩრდილოეთ პოლუსი

North pole

სამხრეთ პოლუსი

South pole

ანტარქტიდა

Antarctica

დედამიწა

earth

ხმელეთი

land

ზღვა

sea

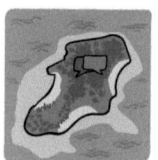

კუნძული

island

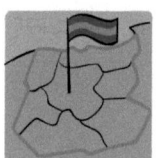

ერი

nation

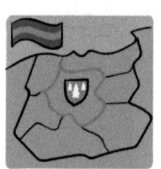

სახელმწიფო

state

დედამიწა - earth

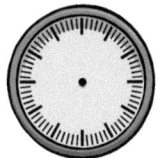

საათი

clock

ციფერბლატი

clock face

საათების ისარი

hour hand

წუთების ისარი

minute hand

წამების ისარი

second hand

რომელი საათია?

What time is it?

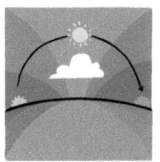

დღე

day

დრო

time

ახლა

now

ციფრული საათი

digital watch

წუთი

minute

საათი

hour

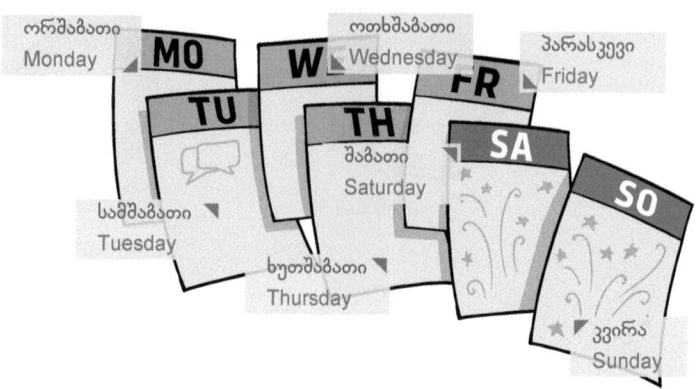

კვირა

week

MO
TU
W
TH
FR
SA
ორშაბათი
Monday
სამშაბათი
Tuesday
ოთხშაბათი
Wednesday
ხუთშაბათი
Thursday
პარასკევი
Friday
შაბათი
Saturday
Sunday

TUE
MON
1

გუშინ

yesterday

TUE
2

დღეს

today

TUE
3

ხვალ

tomorrow

დილა

morning

შუადღე

noon

საღამო

evening

MO TU WE TH FR SA SU
1 2 3 4 5 6 7
8 9 10 11 12 13 14
15 16 17 18 19 20 21
22 23 24 25 26 27 28
29 30 31 1 2 3 4

სამუშაო დღეები

workdays

MO TU WE TH FR SA SU
1 2 3 4 5 6 7
8 9 10 11 12 13 14
15 16 17 18 19 20 21
22 23 24 25 26 27 28
29 30 31 1 2 3 4

შაბათი-კვირა

weekend

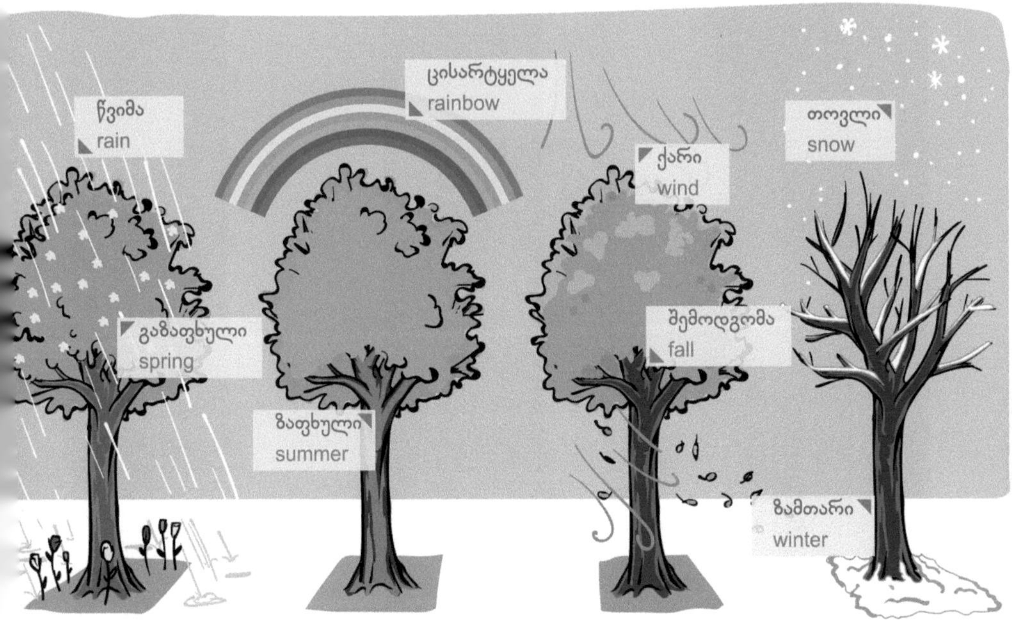

წვიმა
rain
ცისარტყელა
rainbow
თოვლი
snow
ქარი
wind
გაზაფხული
spring
შემოდგომა
fall
ზაფხული
summer
ზამთარი
winter

4.APRIL 11°
5.APRIL 4°
6.APRIL 13°
7.APRIL 8°
8.APRIL 10°

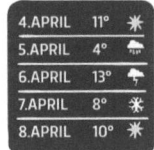

ამინდის პროგნოზი

weather forecast

F
C
120
90
60
30
0
-30
40
30
20
10
0
-10
-20

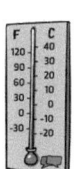

თერმომეტრი

thermometer

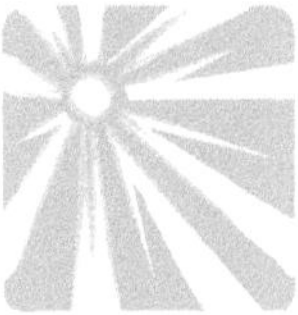

მზის სხივი

sunshine

ღრუბელი

cloud

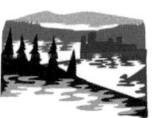

ნისლი

fog

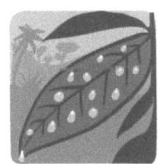

ტენიანობა

humidity

ელვა

lightning

ქუხილი

thunder

შტორმი

storm

სეტყვა

hail

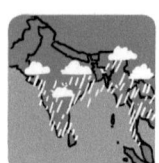

მუსონი

monsoon

წყალდიდობა

flood

ყინული

ice

იანვარი

January

თებერვალი

February

მარტი

March

აპრილი

April

მაისი

May

ივნისი

June

ივლისი

July

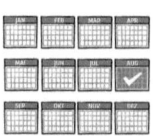

აგვისტო

August

წელი - year

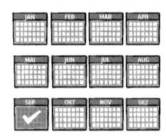

სექტემბერი
September

ოქტომბერი
October

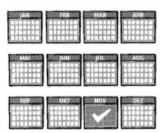

ნოემბერი
November

დეკემბერი
December

ფორმები
shapes

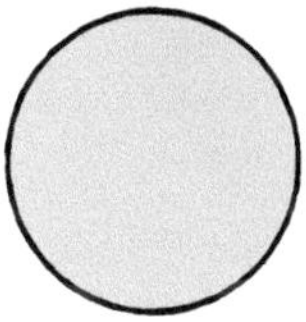

წრე
circle

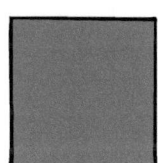

კვადრატი
square

მართკუთხედი
rectangle

სამკუთხედი
triangle

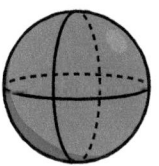

სფერო
sphere

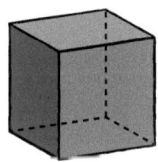

კუბი
cube

ფერები

colors

თეთრი

white

ყვითელი

yellow

ნარინჯისფერი

orange

ვარდისფერი

pink

წითელი

red

იისფერი

purple

ცისფერი

blue

მწვანე

green

ყავისფერი

brown

ნაცრისფერი

gray

შავი

black

საპირისპიროები

opposites

ბევრი / ცოტა

a lot / a little

გაბრაზებული / მშვიდი

angry / calm

ლამაზი / მახინჯი

beautiful / ugly

ასაწყისი / დასასრული

beginning / end

დიდი / პატარა

big / small

ნათელი / მუქი

bright / dark

ძმა / და

brother / sister

სუფთა / ჭუჭყიანი

clean / dirty

სრული / არასრული

complete / incomplete

დღე / ღამე

day / night

მკვდარი / ცოცხალი

dead / alive

განიერი / ვიწრო

wide / narrow

საჭმელად ვარგისი / საჭმელად უვარგისი

edible / inedible

ბოროტი / კეთილი

evil / kind

შთამბეჭდავი / მოსაწყენი

excited / bored

სქელი / თხელი

fat / thin

პირველი / ბოლო

first / last

მეგობარი / მტერი

friend / enemy

სრული / ცარიელი

full / empty

მყარი / რბილი

hard / soft

მძიმე / მსუბუქი

heavy / light

მოშიებული / მწყურვალე

hunger / thirst

ავადმყოფი / ჯანმრთელი

ill / healthy

არალეგალური / ლეგალური

illegal / legal

ინტელექტუალი / სულელი

intelligent / stupid

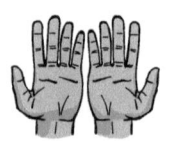

მარცხენა / მარჯვენა

left / right

ახლოს / შორს

near / far

ახალი / გამოყენებული

new / used

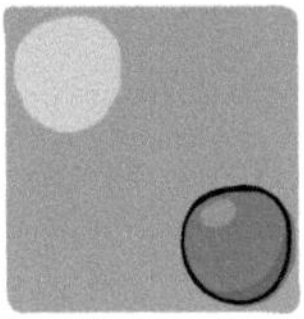

არაფერი / რაღაცა

nothing / something

მოხუცი / ახალგაზრდა

old / young

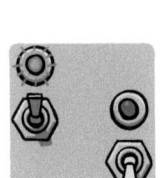

ჩართვა / გამორთვა

on / off

ღია / დახურული

open / closed

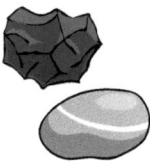

ჩუმი / ხმამაღალი

quiet / loud

მდიდარი / ღარიბი

rich / poor

მართალი / მტყვანი

right / wrong

უხეში / გლუვი

rough / smooth

სევდიანი / ბედნიერი

sad / happy

მოკლე / გრძელი

short / long

ნელი / სწრაფი

slow / fast

სველი / მშრალი

wet / dry

თბილი / გრილი

warm / cool

ომი / მშვიდობა

war / peace

რიცხვები
numbers

0
ნული
zero

1
ერთი
one

2
ორი
two

3
სამი
three

4
ოთხი
four

5
ხუთი
five

6
ექვსი
six

7
შვიდი
seven

8
რვა
eight

9
ცხრა
nine

10
ათი
ten

11
თერთმეტი
eleven

12

თორმეტი

twelve

13

ცამეტი

thirteen

14

თოთხმეტი

fourteen

15

თხუთმეტი

fifteen

16

თექვსმეტი

sixteen

17

ჩვიდმეტი

seventeen

18

თვრამეტი

eighteen

19

ცხრამეტი

nineteen

20

ოცი

twenty

100

ასი

hundred

1.000

ათასი

thousand

1.000.000

მილიონი

million

ენები

languages

ინგლისური

English

ამერიკული ინგლისური

American English

ჩინური მანდარინი

Chinese Mandarin

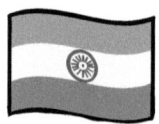

ჰინდი

Hindi

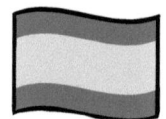

ესპანური

Spanish

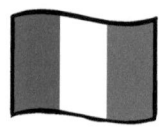

ფრანგული

French

არაბული

Arabic

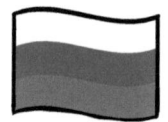

რუსული

Russian

პორტუგალიური

Portuguese

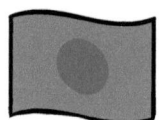

ბენგალური

Bengali

გერმანული

German

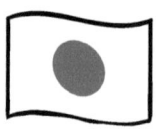

იაპონური

Japanese

ვინ / რა / როგორ
who / what / how

მე

I

შენ

you

ის / ის / იგი

he / she / it

ჩვენ

we

თქვენ

you

ისინი

they

ვინ?

who?

რა?

what?

როგორ?

how?

სად?

where?

როდის?

when?

სახელი

name

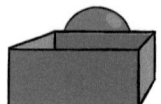

სად

where

უკან

behind

შიგნით

in

წინ

in front of

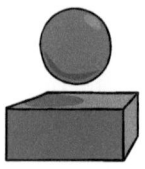

ზედ

over

=-ზე

on

ქვეშ

under

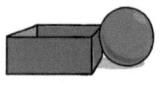

გვერდით

beside

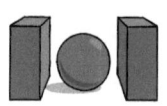

შორის

between

ადგილი

place